太害怕，怎么办？

学会克服恐惧情绪

What to Do When Fear Interferes

A Kid's Guide to Overcoming Phobias

[美] 克莱尔 · A. B. 弗里兰（Claire A. B. Freeland）著
[美] 杰奎琳 · B. 托纳（Jacqueline B. Toner）著

[美] 珍妮特 · 麦克唐纳（Janet McDonnell） 绘

汪小英　译

化学工业出版社
· 北 京 ·

What to Do When Fear Interferes: A Kid,s Guide to Overcoming Phobias, by Claire A. B. Freeland & Jacqueline B. Toner, illustrated by Janet McDonnell.
ISBN 978-1-4338-2974-1

北京市版权局著作权合同登记号：01-2024-5769

图书在版编目（CIP）数据

太害怕，怎么办？ ：学会克服恐惧情绪 /（美）克莱尔·A. B. 弗里兰（Claire A. B. Freeland），（美）杰奎琳·B. 托纳（Jacqueline B. Toner）著 ；（美）珍妮特·麦克唐纳（Janet McDonnell）绘 ；汪小英译. 北京 ：化学工业出版社，2025. 2. --（美国心理学会儿童情绪管理读物）. -- ISBN 978-7-122-46898-7

Ⅰ. B842.6-49

中国国家版本馆CIP数据核字第2024B08H53号

责任编辑：郝付云　肖志明　　　　装帧设计：大千妙象
责任校对：赵懿桐

出版发行：化学工业出版社（北京市东城区青年湖南街13号　邮政编码100011）
印　　装：北京新华印刷有限公司
787mm×1092mm　1/16　　印张$5^3/_4$　　字数50千字　　2025年5月北京第1版第1次印刷

购书咨询：010-64518888　　售后服务：010-64518899
网　　址：http://www.cip.com.cn
凡购买本书，如有缺损质量问题，本社销售中心负责调换。

定　　价：29.80元　　　　

目　录

写给父母的话

孩子如果害怕乘坐电梯、恐高或害怕密集的车辆，他会拒绝乘坐高楼里的电梯，要求大人陪他爬楼梯，甚至在远离高处露台边缘的地方就开始瑟瑟发抖，或者在交通高峰期坐车的时候哭起来。有的孩子害怕去医院看医生，比如害怕打针或者怕见血，这让看病变得格外困难。

如果您的孩子有这种强烈的恐惧感，简单地告诉他不要害怕是无法帮助他克服恐惧的。比如，您告诉他高桥上有坚固的护栏，他还是不敢过去。恐惧往往是非理性的，也就是说，人在恐惧时产生的身体和心理反应往往与他实际的处境不相符。因此，向他保证安全并不能减少他的恐惧，也无法说服他正常进行他害怕的活动。

本书介绍的方法如果得到父母或其他大人的帮助，对孩子会更有效。容易恐惧的大人是很难帮助孩子克服恐惧的，如果您也属于这类人，书里的方法也可以帮助您减轻恐惧。此外，您也可以向儿科医生或者心理学家寻求更多的帮助。

克服恐惧最有效的方法是直面恐惧，这要求孩子用足够多的时间面对恐惧事物，从而降低他的生理和心理反应。父母帮助孩子克服恐惧面临的最大挑战可能是说服孩子坚持面对，不要轻易逃避恐惧，并及时给孩子提供相应的帮助。此外，采用循序渐进的方式也很重要。您可以帮助孩子体验一些远离实际恐惧的事情，比如让孩子想象一场暴风雨，或者翻阅一些昆虫图片。慢慢来，让孩子体验到克服轻微恐惧的成功，从而帮助他们建立克服更大恐惧的信心。

恐惧可能源于可怕或者创伤性的经历，但很多恐惧没有确切的原因。容易焦虑的孩子往往特别容易对某种特定的事物产出恐惧。您会发现这套“美国心理学会儿童情绪管理读物”的其他分册对于孩子克服恐惧情绪也很有帮助。

儿童特别容易产生替代性恐惧。当他看到别人紧张害怕时，他也会害怕。此外，电影里某个人物的恐惧表现，新闻里

报道的暴风雨造成的损失，以及季节性流行病例的增多等情况，都可能令孩子产生恐惧。

您在帮助孩子克服恐惧的过程中，要留心观察有些信息可能会强化孩子的恐惧。当别人在聊关于天气事件、最近的事故或者失控的动物时，您要巧妙地转移话题，以免让孩子产生替代性恐惧。您也要留意孩子从媒体上接收到的可怕信息。如果您无法避免地让孩子了解到了这些信息，可以跟孩子分析现实情况，对危险做出客观的判断，以及如何保护他的安全，以此来应对恐惧。

通过学习积极的自我暗示，您的孩子可以学会更加理性地思考和自我激励，鼓励自己直面恐惧。您可以给孩子提供一些有形或无形的奖励，让孩子更有成就感和自豪感，更加自信地应对困难和挑战。此外，让孩子学习一些积极应对恐惧的技巧和策略也有助于减轻孩子的焦虑和压力，增加成功的概率。

本书能够帮助您循序渐进地引导孩子克服恐惧。别着急，每次阅读一两章，鼓励孩子做一下书中提供的练习。如果孩子不敢直面恐惧，您可以帮助他选择从不可怕、没有什么威胁性的事情开始。随着不断练习，您和孩子都会惊讶地发现，一开始看起来无法克服的恐惧居然慢慢消失了。学会克服恐惧也能让孩子更自由地参加活动，更自如地与人交往。您会看到一个更加自信的孩子。

紧急情况和虚假警报

宇航员飞往太空后，他们都有不同的工作要做：有的驾驶宇宙飞船绕地球运行，有的要在空间站工作，有的在月球上行走。他们还会把物资带到空间站，有时在空间站里做科学实验。如果离开航天飞机或者空间站，他们就要穿上特制的航天服，因为太空中没有空气。在空间站里，宇航员是漂浮着的，因为没有重力将他们拉回地面。宇航员要经过多年的训练才能够很好地胜任自己的工作。同时，地球上还有一个庞大的团队，通过电脑来指导宇航员的工作，并确保他们的安全。

想一想，如果你正在飞向太空，失重漂浮在空中是什么感觉？你想去太空的哪些地方探险？

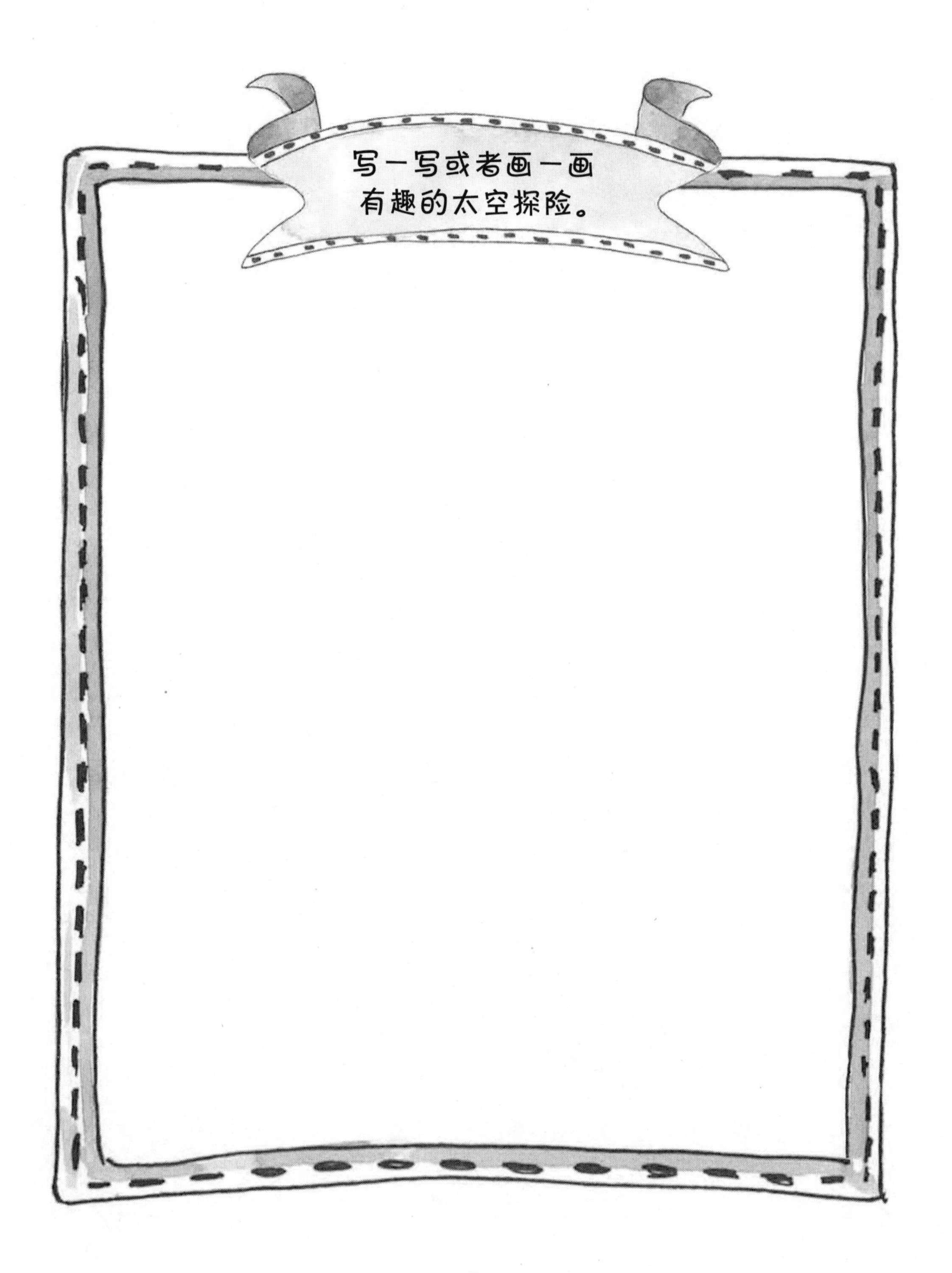

宇航员要花很长时间准备太空旅行，因为他们必须为所有的事情做好准备。太空旅行非常复杂，有可能出现紧急情况。航天器上有各种各样的警报器和指示灯，一旦有问题就会马上提醒机组人员注意。宇航员虽然很勇敢，但是一旦出了问题，就是很可怕的事情。

当一些问题出现时，我们的身体也会发出警报信号。当发生了可怕的事情时，我们的身体会发出什么信号呢？当宇航员面临紧急情况时，他们可能会心跳加速、脸红、呼吸急促。他们的注意力会高度集中，整个团队一起解决问题。

思考怎么办

脸红

心跳加速

呼吸急促

在遇到紧急情况时，你可能也会有类似的反应：心跳加速、呼吸困难、身体发抖、内心感到害怕。实际上，在紧急情况下感到害怕对你是有帮助的。这些身体反应是在告诉你，你需要采取行动来避开危险。

圈出来你害怕时的感觉。

脸红

心跳加速

胃痛

冒汗

双腿发抖

思考怎么办

口干

呼吸困难

其他：

____

____

____

____

____

所有的孩子都会害怕，害怕是正常的，不光是在紧急情况下，在日常生活中也有很多让我们感到害怕的事情和地方。例如，一个又大又响的声音会吓得你跳起来，这是身体在告诉你：“看看那是什么，你要确保安全！”我们因为日常生活中吓人的事而感到恐惧，而当我们看到自己安全了，恐惧就消失了。

可是，有时候你总感觉遇到了紧急情况，其实根本就没有。你的身体和想法也会欺骗你。你可能会心跳加速、脸红、呼吸急促，即使没有真正遇到紧急情况，你也会感到**害怕……非常害怕……太害怕了**。学会区分真正的紧急情况和**虚假警报**是非常重要的。

如果空间站的警报显示隔热罩已经损坏，宇航员就需要迅速采取行动，并提醒大家紧急应对，因为飞船和宇航员可能会面临极大的危险。但如果空间站的警报只是提醒宇航员要给太空实验的植物浇水，宇航员却提醒大家紧急应对，那他的反应就有点过度了，也会给大家带来麻烦。

宇航员要区分什么是真正的紧急情况，什么是普通事件，这一点很重要。

在日常生活中，我们也一样要学会区别对待。我们的身体需要对紧急情况做出一种反应，对普通事件做出另外一种反应。大人做饭的时候，烟感报警器突然响了，虽然很刺耳，但并不意味着有危险，这个警报是告诉你厨房的烟雾比平时多了，你可能需要用风扇把烟吹走，并不需要报火警和叫消防车。

让我们练习一下，区分真正的紧急情况和虚假警报。

看看下面的图片。

用“○”圈出来真正的紧急情况。

用“×”标出虚假警报。

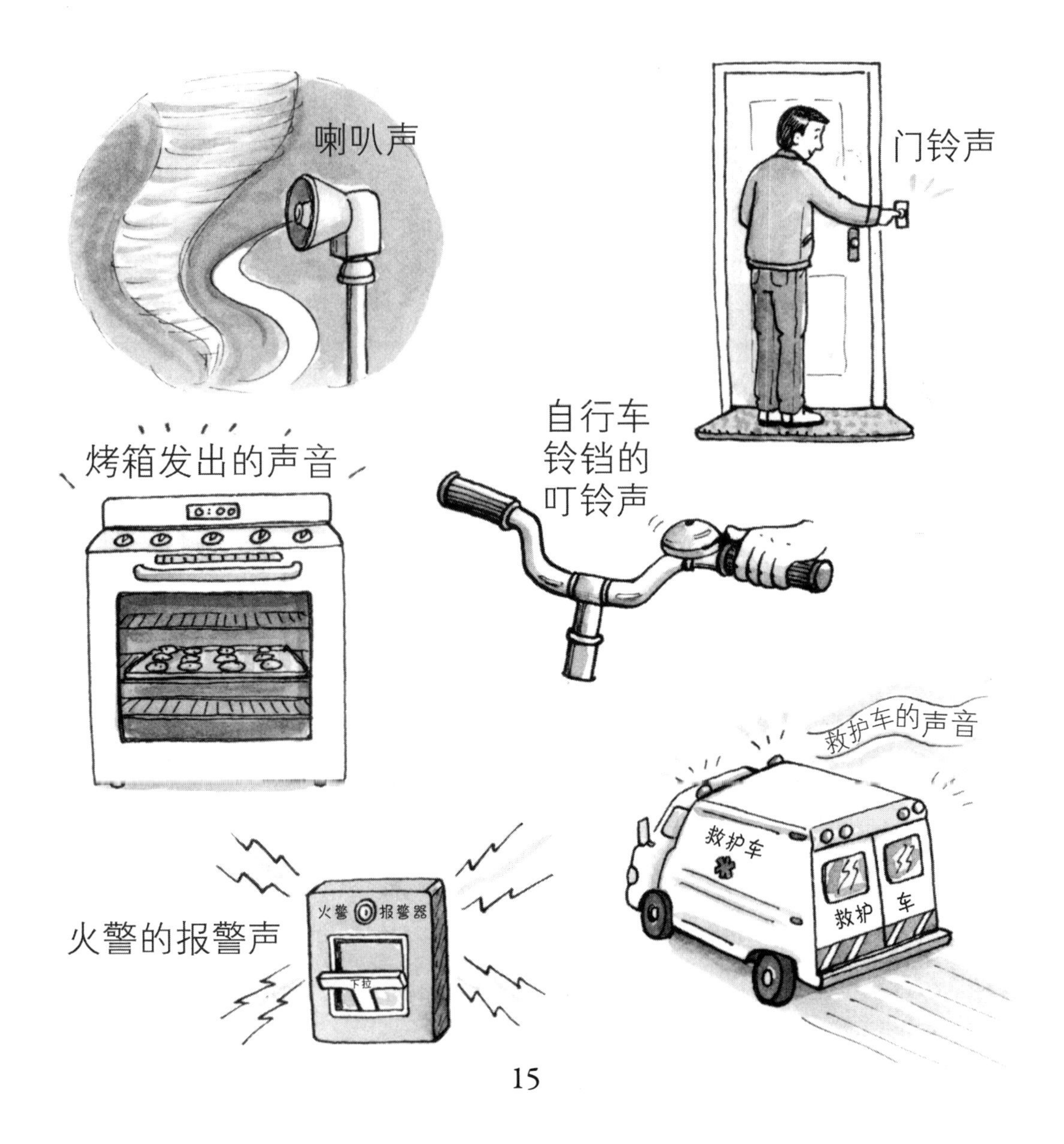

有些事情并不属于紧急情况，但是却让你觉得是紧急情况，这种事情一再发生，我们就称之为**恐惧症**。

恐惧症是对某种事物的不合理恐惧。你只要看见某些东西，或者面对某种场合，甚至只是想到某些事物时，就会感到恐惧。这种恐惧很强烈，以致你感觉自己真的处于危险之中，想要马上逃离。恐惧症会让你的身体在没有真正危险的情况下发出警报。

你也许会纳闷，为什么自己会有恐惧症？可能是因为你的身体反应过快、过强，让你容易感觉到危险；或者你的体质不容易从惊吓中恢复过来；又或者是你有过不好的经历，让你很容易产生恐惧。也可能是你的家人容易焦虑恐惧，你也受他们的影响；或者因为你凡事总往最坏处想。但是，大多数情况下，谁也不知道恐惧症是怎么来的，重要的是，它不是任何人的错。

你觉得恐惧症很可怕，它会妨碍你做有趣的事情，去应该去的地方。恐惧症就是感觉太可怕了！

有很多常见的恐惧症。比如，大多数人都有点儿怕蜜蜂，但是如果你有恐惧症，你一看见蜜蜂就会立刻跑回屋里去，但实际上被蜜蜂蜇的概率极小，所以这是你的一个过激反应。

害怕蜜蜂是正常的，但你可以采取一些措施，比如到户外活动时要穿好户外鞋，蜜蜂靠近时不要动。关键是，你要享受户外活动的乐趣。

怕蛇、怕暴雨、怕闪电、怕飓风都会让你不敢去户外活动，即使天气好也不敢出去玩。结果就是，你不仅会错过有趣的野餐、运动会，还会错失和朋友一起玩的机会。

还有一些恐惧症，如害怕打针，害怕看到有人受伤，害怕见到血液，这些恐惧症会让人不敢去医院，或者不想去上学，给人带来很多烦恼。

有些人还特别怕狗或其他动物，怕过山车，怕小丑或者气球，这些恐惧症会让人害怕去朋友家，不敢参加学校的活动，也不敢参加别人的生日聚会。

还有人害怕乘电梯、乘飞机、乘坐汽车过桥，甚至恐高。这些人想去一些地方就变得很麻烦。

还有人怕黑，对夜晚充满恐惧。这些人在夜晚往往紧张不安，难以平静下来，他们躺在床上很久都难以入睡。

你有恐惧症吗？列出你特别害怕的事物，以及这些恐惧给你带来的不便，引起了什么问题。这里有两个例子。

恐惧的事物	**恐惧带来的麻烦**
我害怕气球	我拒绝参加别人的生日聚会。
我害怕蜘蛛	我不敢去操场上玩，因为那里会有蜘蛛。

有些孩子的恐惧清单很短，可能只有一样东西；有些孩子会有一个很长的恐惧清单。无论你的恐惧清单是长还是短，你需要关注的是，你的恐惧给自己和家人带来了哪些麻烦。有时候，你的恐惧好像在支配着你的一切。

好消息是，我们有办法克服恐惧。这本书会帮助你克服恐惧，教你怎么做，你会学到如何在不需要警报器的时候关掉它们。你再也不会错过好玩的事情，也会变得越来越自信。

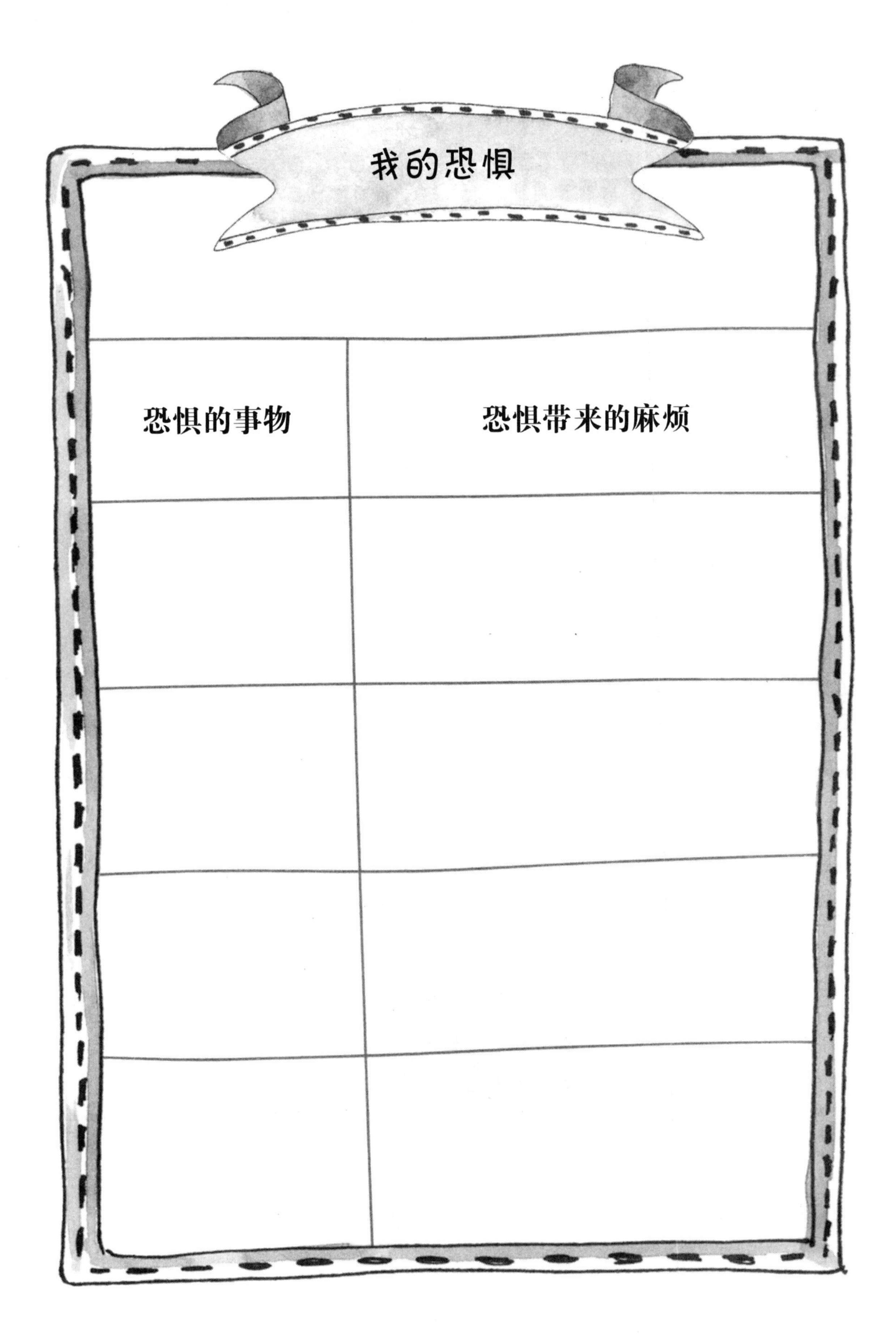

我的恐惧

恐惧的事物	恐惧带来的麻烦

暴露

适应某种东西需要时间和练习。亨利刚开始在空间站工作时，觉得警报器的亮光和声音让他感到紧张焦虑。现在他已经适应了，知道该如何处理各种问题了。

当奥黛丽第一次参加航天员训练时，教练给她设置了假警报，观察她如何反应。

警报声让奥黛丽感到紧张不安，但她还是学会了如何处理警报提示的问题。现在的她已经做好随时进入太空的准备了。

亨利和奥黛丽已经习惯了警报的响声和闪烁的指示灯，所以他们能够冷静地解决问题，把事情做好。

习惯是什么意思呢？习惯就意味着曾经引起我们关注的一些事物，现在已经不能吸引我们的注意力了，因为我们已经适应了它们。想一想你曾经习惯了的事物。

- 电风扇的声音很嘈杂，现在你不觉得嘈杂了。
- 刚穿上感觉有点儿扎皮肤的毛衣，现在不觉得扎了。
- 以前觉得刺眼的台灯，现在不觉得刺眼了。

幸好我们的身体就是这样设计的，能够逐渐适应一些事物。如果我们时刻密切关注所有的景象、声音和感觉，那我们就无法学习、玩耍和听故事了。

你可能也有很多适应新事物或者新变化的经验，你可以写下来一些吗？想想生活中的小事情，比如，睡觉时枕一个新枕头，或者穿一双新鞋。

当然了，我们的身体需要一些时间才能停止反应。当我们逃避自己害怕的事物时，我们的身体就没有机会去适应这些事物。如果我们总是逃避害怕的事物，我们就会越来越恐惧它们，这就是为什么要**直面恐惧**。在一个安全却令自己恐惧的环境里，我们的身体才有机会去适应它。

直面自己的恐惧，也叫**暴露**。

阿曼达害怕游泳池的水太凉了，她把脚放进去又缩回来，不愿意让身体去适应水温。她的朋友托马斯一下子就跳进游泳池里了。一开始他觉得水有点凉，但很快就适应了水温，玩得很高兴。托马斯直接**暴露**在泳池里，确实对他克服恐惧有帮助。

托马斯想出了一个好主意，他让阿曼达坐在泳池边，把腿放进水里。他知道阿曼达还没有做好游泳的准备，但是他知道**暴露**会有帮助。确实是这样，过了一会儿，阿曼达就觉得自己可以下水了。终于，阿曼达和托马斯可以一起在水里玩了。

暴露有多种形式，托马斯是直接跳下去，阿曼达是一点一点地适应水温。这两种方式都很好，因为它们都会让我们习惯某种事物。

露西习惯开着夜灯睡觉，现在她的父母想让她养成关灯睡觉的习惯。一开始，露西即使知道自己很安全，也不知道在关灯后是否会睡着。所以一开始，露西的父母晚上还是会开着走廊灯，让露西逐渐适应卧室的光线变暗一些。过了几晚后，他们就只开着卫生间的小灯，露西的卧室变得比之前更暗了，但露西也可以安然入睡。露西的父母通过逐渐地**暴露**，帮助她适应了黑暗的房间。

之前你列举了习惯了的事物，从中挑一样思考一下，你是如何适应它的？

可是，通过习惯一样事物来克服对它的恐惧，现在这对你来说似乎不可能做到。

如果你担心自己还没有准备好，尽可以放心，我们会帮助你。我们保证让你慢慢学会，一次学习一个小方法，让你不再被恐惧困扰，更自信地直面恐惧。

现在，让我们继续往下读吧！

列恐惧清单

欧文想当航天员，就像在电影里看到的那样，但是他怀疑自己能否实现梦想。他知道当航天员非常不容易，需要掌握很多数学和科学知识，还需要有一个强壮的身体。他还知道当航天员很危险。他觉得当航天员太难了，几乎都想放弃这个梦想了。

但是欧文还是决定一步一步地朝着梦想努力。他在学校努力学习，掌握了很多有关航天的知识，这些知识非常有趣，他感到十分高兴。

他每天坚持锻炼，身体越来越强壮。他去户外露营、攀岩，不断挑战自己的极限。后来他加入了空军，学会了开飞机，习惯了高空飞行，甚至还体验过失重。

经过坚持不懈的努力，他最终进入了航天员训练营。面对未来的挑战，他有点紧张和害怕，但是他觉得自己能够一步一步地做好。

通过**暴露**克服恐惧的最好方式是一步一步来。就像欧文，他的梦想是成为航天员，但他一开始并没有准备好。你可能也是这样，并没有把握一下子就克服自己的恐惧。

为了找到适合你的步骤和方法，你需要计划做一些让你害怕但不至于给你太大压力的事情。你可能需要一个成年人帮助你来设计这些步骤。

飞行模拟器

围绕你恐惧的事物，列一列让你恐惧、中度恐惧、轻微恐惧的行为。

以下是有关恐狗症的示例。

- 看书上或网络上有关狗的图片。
- 摸一摸朋友家没有拴绳的大狗。
- 看一张狗的卡通图片。
- 看大狗汪汪叫的视频。
- 看窗外人遛狗，或者远远地看人遛狗。
- 坐在拴着的小狗旁边。
- 想象一只小狗。
- 去有狗的公园走一走。
- 逗朋友的小狗。
- 坐在拴绳的中型犬旁边。

你的计划里要有简单的步骤，也要有很难的步骤，微小的差异就可以决定行动的难易，所以步骤要非常具体。

以恐狗症为例，这里有一些列举步骤的提示。

活动时间的长短。比如，与狗一起待上5秒、30秒、1分钟，这样就分成了三个步骤。

是否有人陪着你。比如，你要跟朋友和他的狗一起玩，一开始可以先让父母陪在身边，然后再独自和狗玩。

距离的远近。比如，从远处看牵着的狗，在有人牵着的狗的后面散步，自己遛狗。

用不同的方式。比如，想象、图片、视频。想象自己摸一只大狗，看各种狗的图片，看各种狗的视频。

先看下图的恐惧指数测量仪，再排列你的行为顺序。

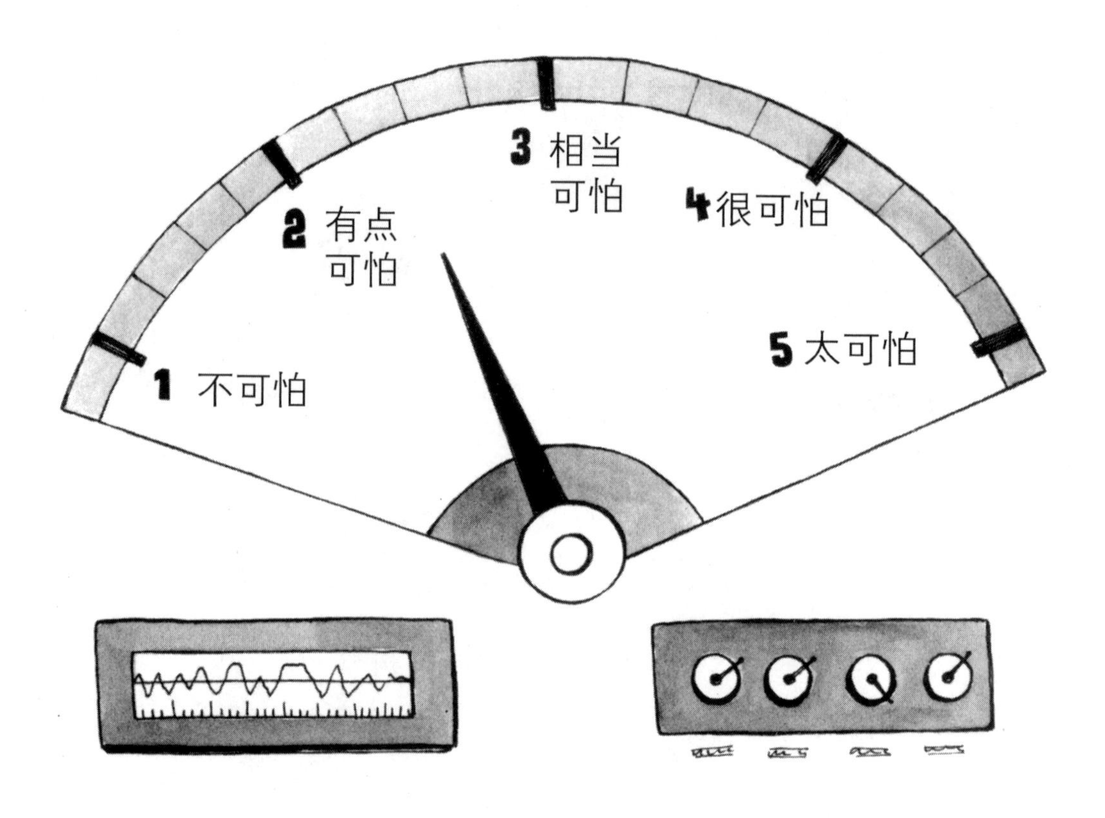

你可以使用恐惧指数测量仪来测量每个行为的可怕程度，然后将它们按照恐惧指数排成一个阶梯，把最可怕的行为放在阶梯的顶端。

请注意，没有人能够说出你的感觉是什么。如果一个恐惧指数里包含多个行为，那也没关系。

以前面的恐狗症为例，我们根据恐惧指数测量仪来列一个阶梯。

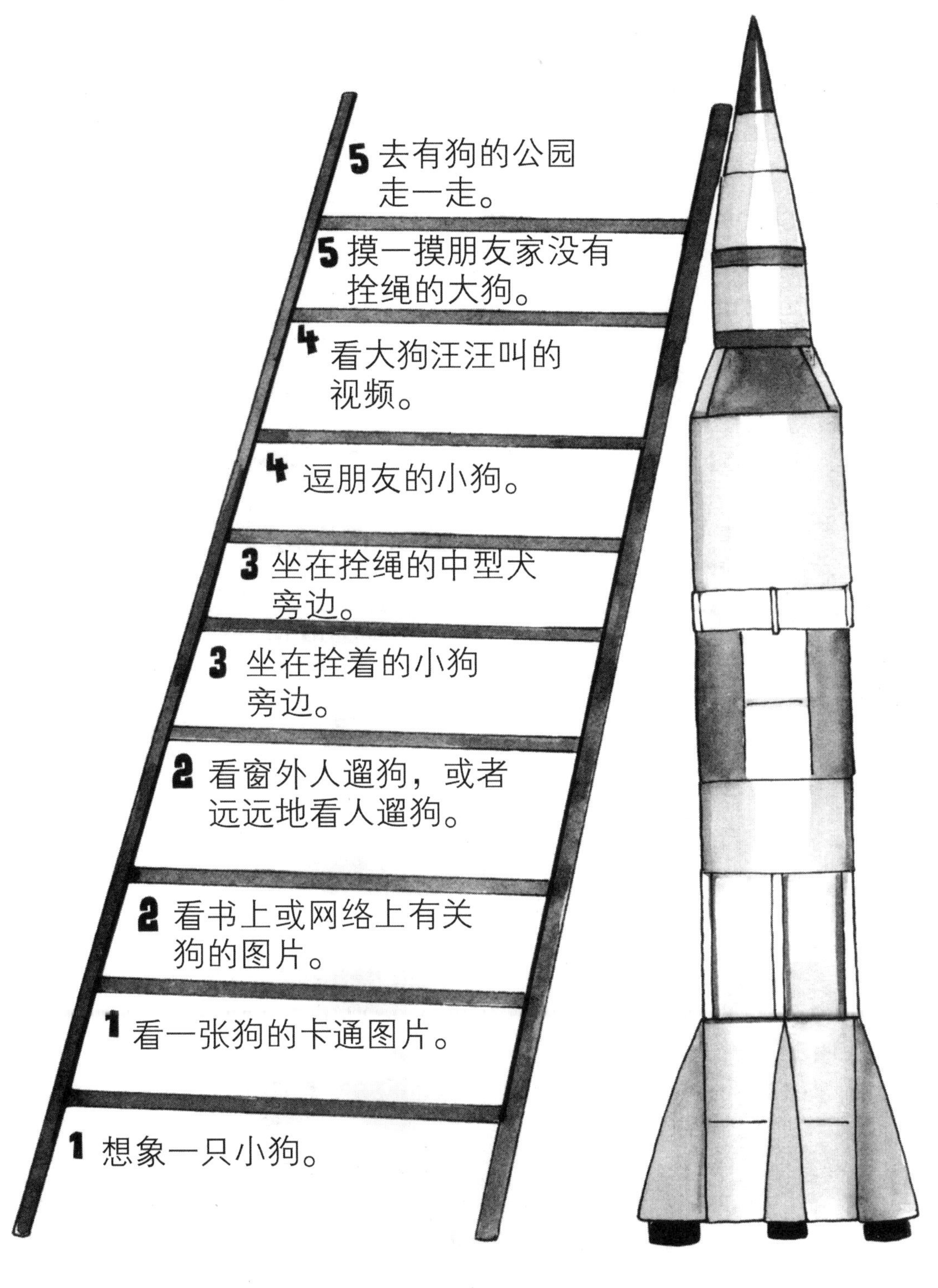

我们还列举了其他恐惧症的步骤，一个恐惧指数里最好有多个行为。就步骤的设计，我们只是提供一些思路。当你制订步骤的时候，你可以尽量多列举几个行为，这样你的选择就多一些。你可以从容易的步骤开始，不要一开始就做自己没有把握的事情。

害怕乘电梯

5 跟爸爸一起乘坐高楼里的电梯，彼此不拉手。

4 不拉着妈妈的手，跟妈妈一起乘一层电梯。

3 拉着妈妈的手一起乘一层电梯。

2 在开着门的电梯里待30秒。

1 站在电梯外，按下按钮。

害怕打针

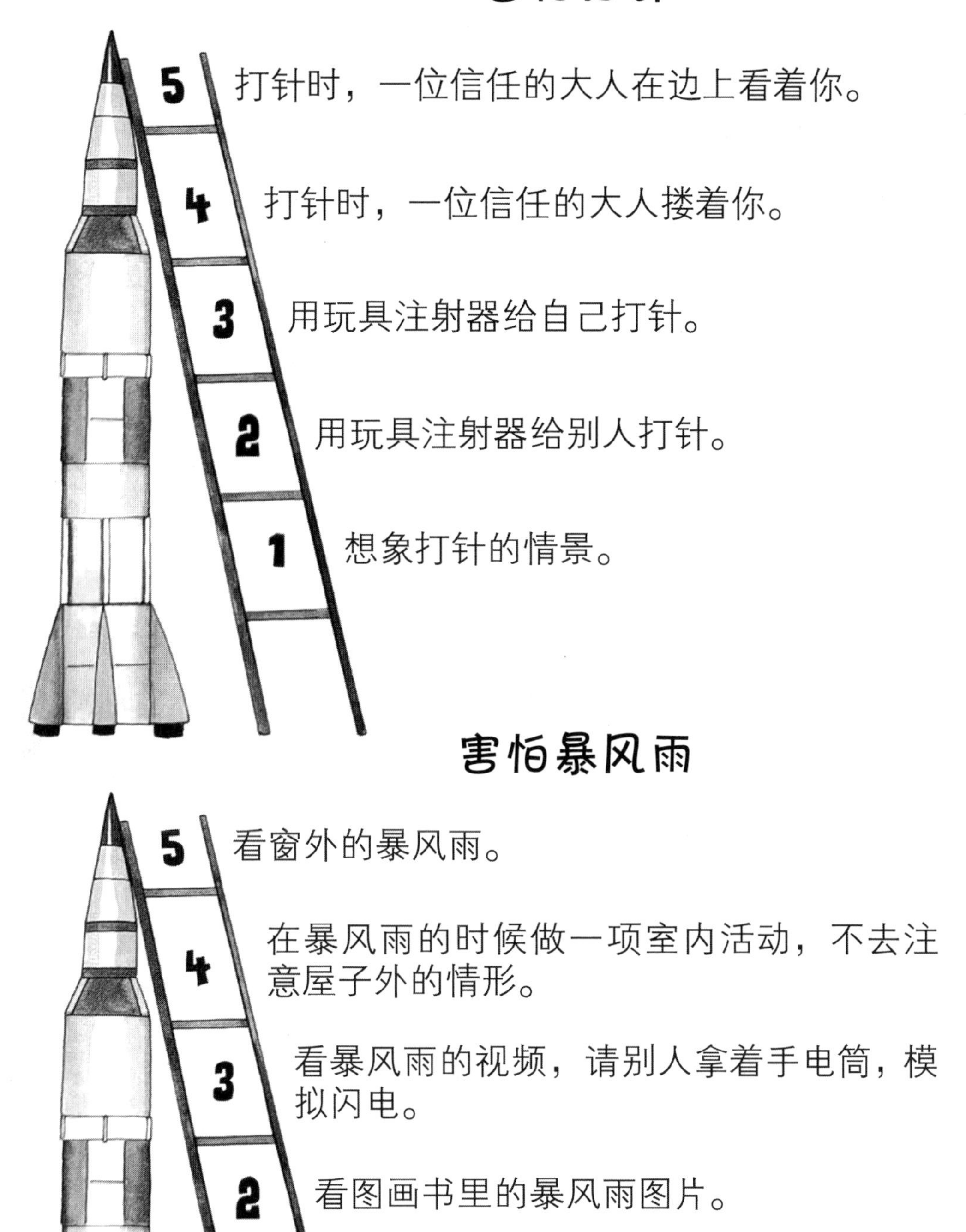

5 打针时，一位信任的大人在边上看着你。

4 打针时，一位信任的大人搂着你。

3 用玩具注射器给自己打针。

2 用玩具注射器给别人打针。

1 想象打针的情景。

害怕暴风雨

5 看窗外的暴风雨。

4 在暴风雨的时候做一项室内活动，不去注意屋子外的情形。

3 看暴风雨的视频，请别人拿着手电筒，模拟闪电。

2 看图画书里的暴风雨图片。

1 天气好时，看窗外的天上有没有云彩。

现在，围绕你的恐惧事物，把你的恐惧行为清单列出来。你要准备出发去没有恐惧症的外太空了，祝你成功！

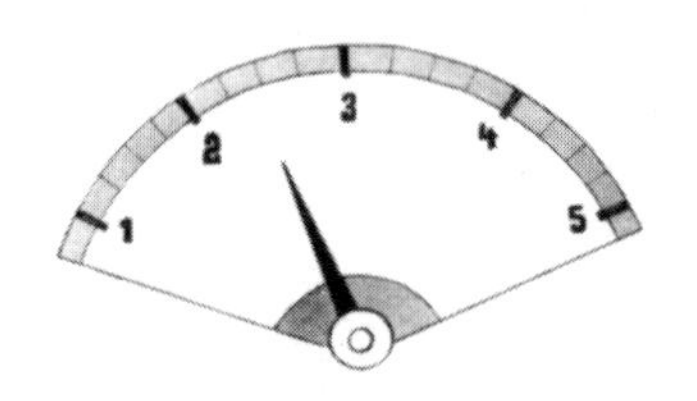

1 不可怕　2 有点可怕　3 相当可怕
4 很可怕　5 太可怕

恐惧行为	恐惧指数

再把这些恐惧行为按恐惧指数放进阶梯里。

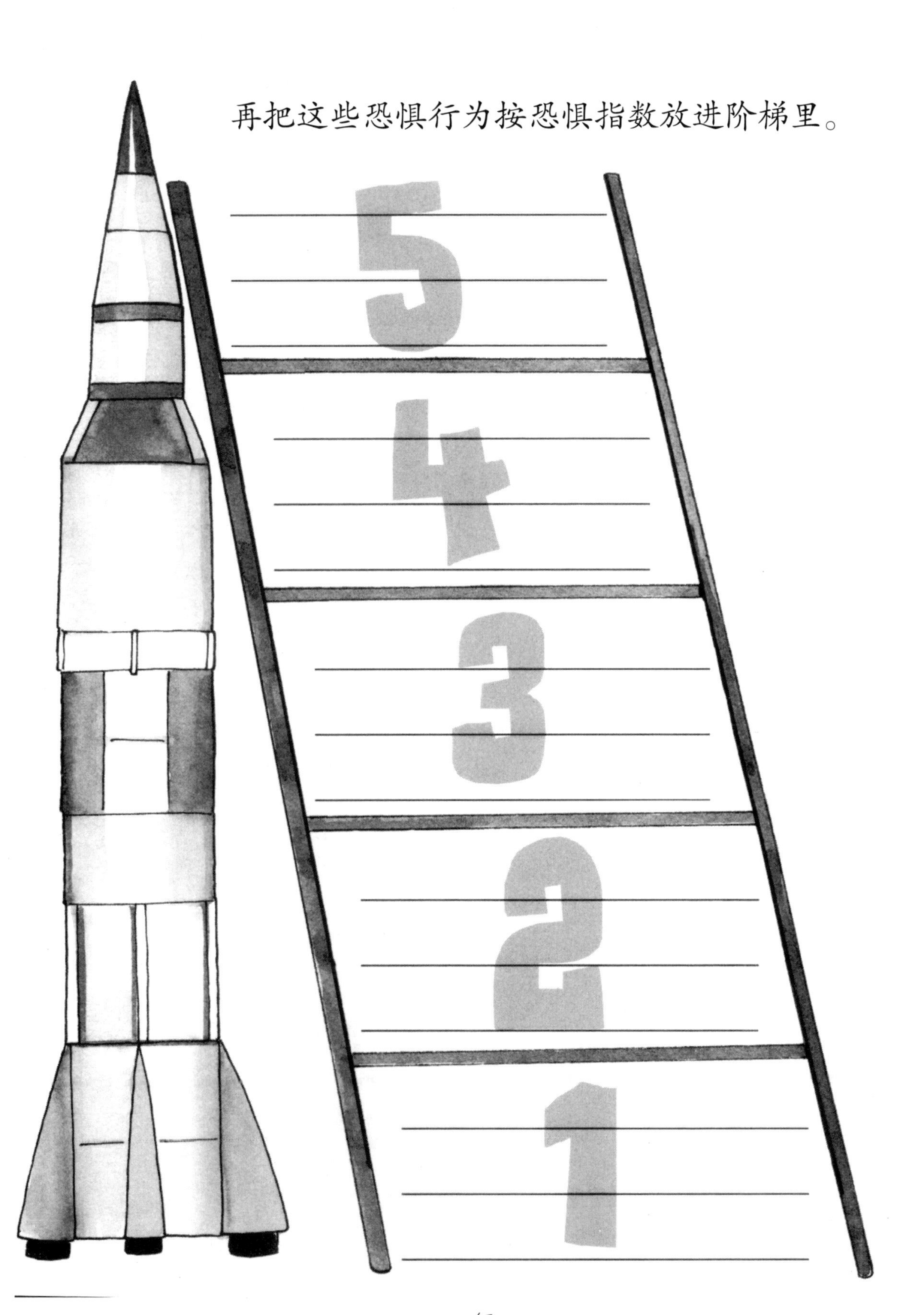

克服困难的6个办法

航天员都很勇敢，他们的工作就是去普通人很难到达的地方，做困难的事。他们要知道如何解决遇到的问题，比如，太空里漂浮着的太空垃圾（如报废的卫星）快撞到宇宙飞船怎么办。他们还要会修理隔热罩，否则会造成严重后果。航天员能够解决这类问题，才能保证飞行器不偏离轨道。

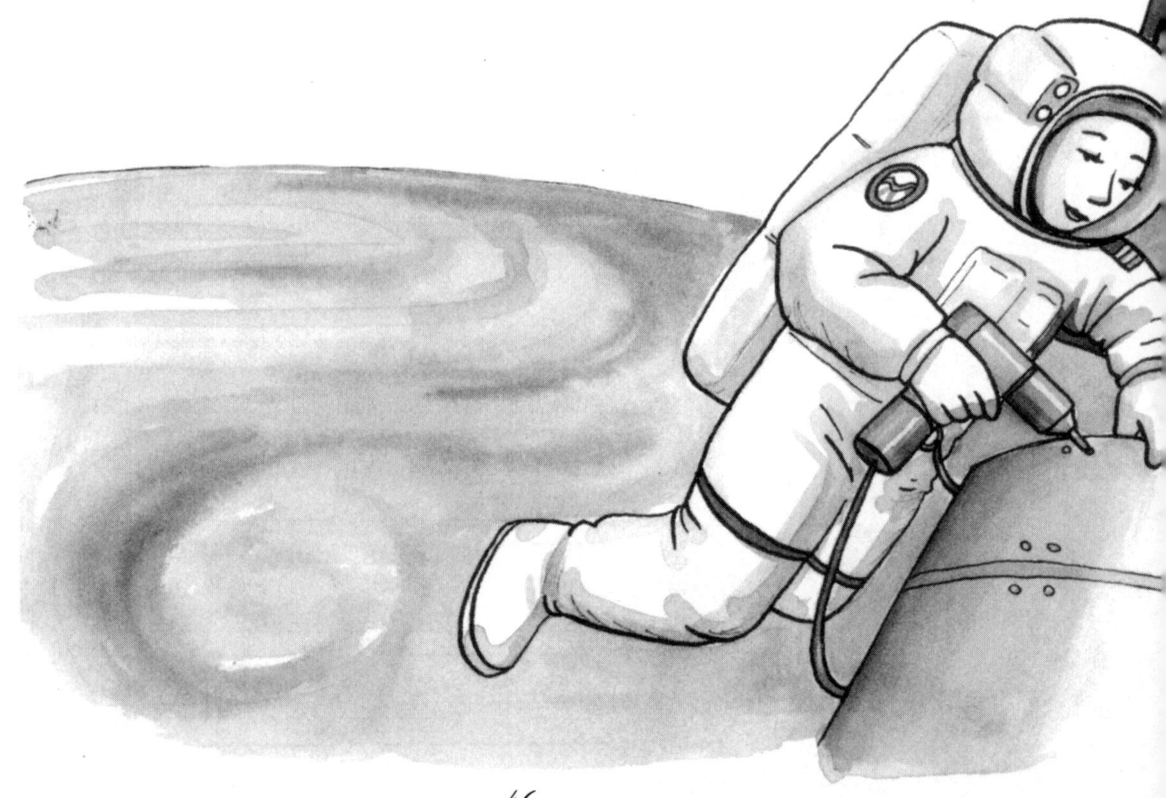

如同有所准备的航天员，你之前也做了相应的准备：你列举了一系列的恐惧行为，思考了它们的可怕程度，并且按照从不可怕到太可怕的顺序进行了排列，制订了步骤和方案。一旦到了该解决问题的时候，你就可以从比较容易的步骤开始。但是，就像航天员在航程中会遇到难题一样，你在克服恐惧的过程中也会遇到困难。

接下来我们会列出很多孩子都遇到过的困难，并且提供一些建议，帮助你调整自己的计划，让你在克服恐惧的道路上不断前进。

困难：急于进行下一步，无法适应当前的步骤。

卡斯帕想克服乘飞机的恐惧。他已经完成了第一步——看飞机的图片和视频。

下一步就是跟父亲去机场看飞机。到机场的时候，卡斯帕有些害怕，总想着乘飞机的恐惧，以致不能专注于眼前的事情 。

让我们帮助他克服这个困难。

我们可以提醒他集中精力，**专注当前的步骤**。他担心着未来还没有发生的可怕事情，想着有一天真的上飞机怎么办，但现在还没有到那一步，需要有人提醒他，他现在的努力就是在为将来解决更难的步骤做准备，当更难的步骤来到时，他才有能力去应对。有时候，你对下一个步骤的恐惧并没有自己想象的那么强烈。卡斯帕会发现，一旦熟悉了比较容易的步骤，对接下来更难的步骤就会更有信心。所以，他现在应当**集中精力应对当前的步骤**，当前的成功会把他引向更大的成功。

困难：你不停地要父母或者其他大人向你保证一切没有问题，你是安全的。

在机场，卡斯帕抓着爸爸的手，一个劲儿问他坐飞机危险不危险。卡斯帕和爸爸曾经讨论过怎样回答这些问题，但这只会让他当时感觉好一些，从长远来看，这种短暂的安慰会影响他面对以后的困难。让一个大人陪在身边只是计划的一部分，你要不断提醒自己**坚强**起来，**毫不犹豫**地去进行每一步。

困难：你发现计划里所列步骤的顺序不对，或者下一个步骤对你来说太难了。

如果是这样，你可以根据自己的实际情况及时**调整步骤顺序**，将步骤**重新排序**，或者在两个步骤之间再**增加新步骤**。你也可以**重复**某一个步骤。

每个人做事都很难畅通无阻，即使航天员也是如此。快慢不是问题，重要的是你一直朝着正确的方向前进，努力直面自己的恐惧。

同样，卡斯帕不用着急，可以先停下来，在两个步骤之间加一些新的步骤，比如，在机场里找一个安静的地方玩一会儿扑克牌，然后再去看飞机起飞。

困难：在执行计划的每个步骤时，你总会感到害怕，即使你在不断努力，你还是害怕。

这很正常。为什么？因为你在生活中不逃避，可以忍受自己的不适感，这就是成功。有时，航天员也需要调整自己才能克服困难，只是，他们知道自己要时刻保持良好的心态。**即使困难重重，但只要你坚持到底不放弃**，就已经很棒了！你的恐惧感会慢慢地越来越弱，然后消失。

卡斯帕在机场里感到不舒服，但是他知道，如果他能根据自己的情况调整计划，坚持下去，他就可以成功。

把每一个困难和办法连起来，一个困难可以对应多个解决办法！

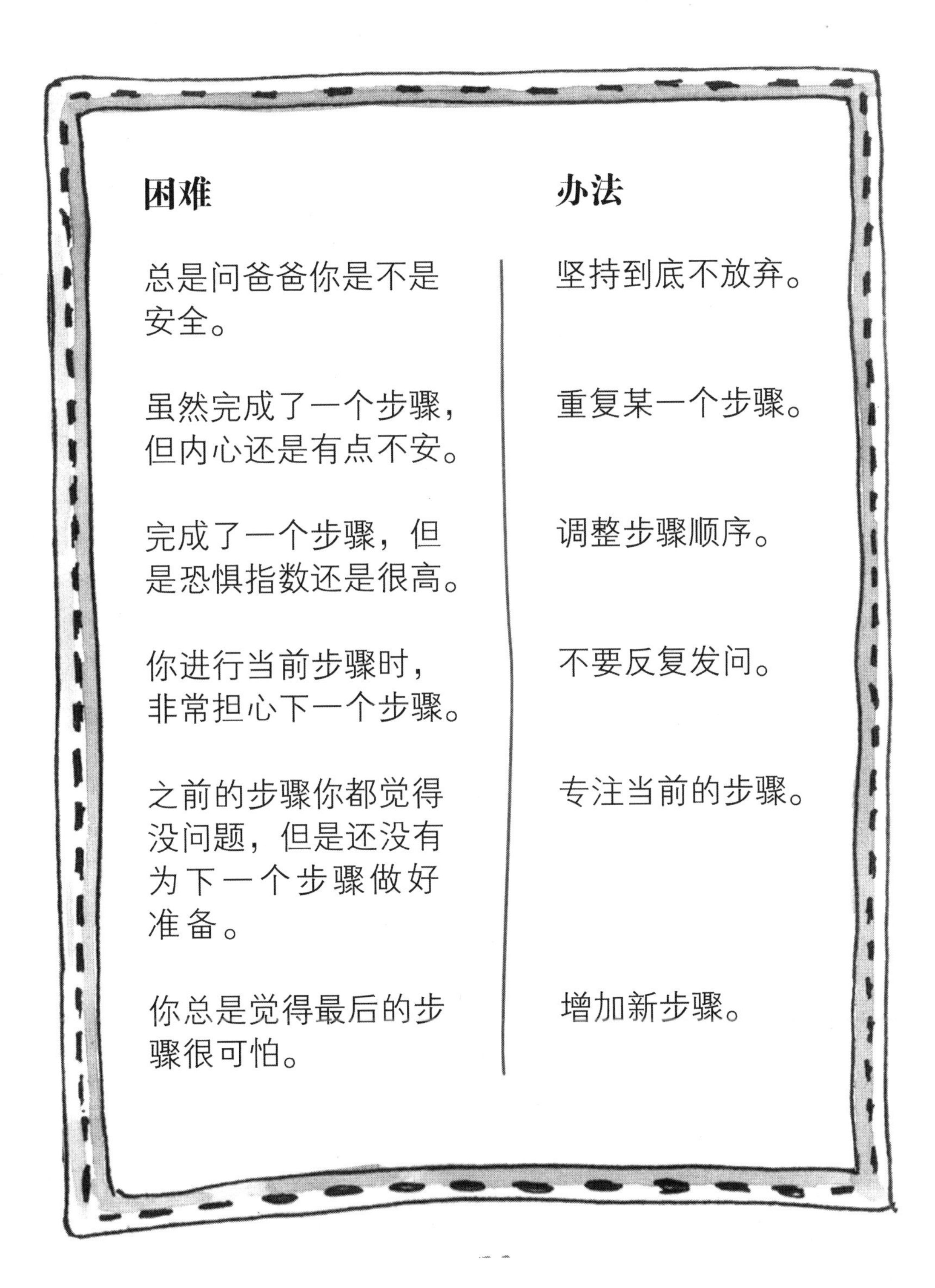

困难	办法
总是问爸爸你是不是安全。	坚持到底不放弃。
虽然完成了一个步骤，但内心还是有点不安。	重复某一个步骤。
完成了一个步骤，但是恐惧指数还是很高。	调整步骤顺序。
你进行当前步骤时，非常担心下一个步骤。	不要反复发问。
之前的步骤你都觉得没问题，但是还没有为下一个步骤做好准备。	专注当前的步骤。
你总是觉得最后的步骤很可怕。	增加新步骤。

哈里法害怕蜘蛛。她计划的第一步就是看书上的蜘蛛图片，这个对她来说很容易就能做到。

第二步就是一个人去地下室看蜘蛛，她知道那里肯定有蜘蛛。但是她刚到地下室门口，她就吓哭了，她的恐惧指数达到了5。

你可以帮她想一想，在这两个步骤之间还可以添加哪些步骤呢？

哈里法还能怎样调整计划来克服这个困难？

____

____

____

____

____

____

记住，如果你觉得无法进行下一个步骤了，这就意味着你需要调整自己的计划。现在你学习了一些调整办法：专注当前的步骤、不要反复发问、增加新步骤、调整步骤顺序、重复某一个步骤，这些办法会帮助你不断练习，学会直面自己的恐惧。最重要的是你一直在努力，坚持到底不放弃。

专注当前的步骤

调整步骤顺序

重复某一个步骤

增加新步骤

不要

反复发问

鼓起勇气，一级一级地去攀登你的阶梯，不断给自己加油打气！你的想法会影响你的感觉和行为。过去你习惯了以害怕的方式看待恐惧症，现在你可以用新的眼光来看待它。接下来，我们看看在执行计划前如何“加满燃料”。

加满燃料

对一次成功的太空旅行而言，一个周全的飞行计划和许多处理意外问题的策略是非常重要的，但是在起飞前，航天员们还需要确保他们的飞船已经为起飞做好了准备。他们会检查油箱是否加满燃料。

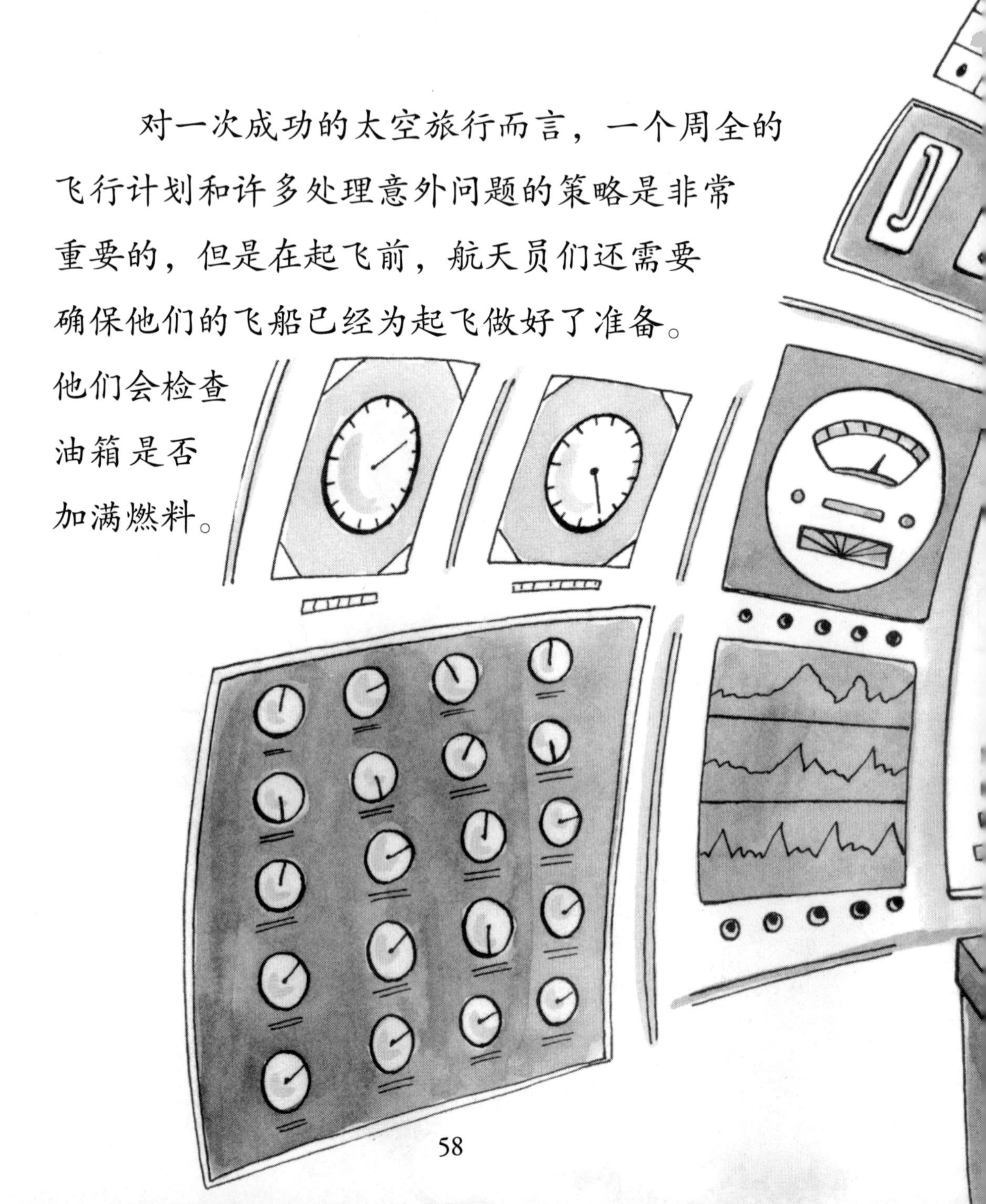

燃料
飞行
计划

在成功的道路上，你能做的准备之一就是为你的“油箱”加入新想法的燃料。

空间站的指示灯不停闪烁，警报响起，这传达了一个信息：空间站有紧急情况！这时，航天员可能会有很多想法：我需要弄清楚哪儿出了问题，隔热罩的警报非常响，这些不停闪烁的指示灯让我想起了以前的训练演习，等等。

当你害怕时，你也会产生一些想法，有时这些想法没有什么用，甚至会让情况变得更加糟糕。

回想一下你在第三章列举的克服恐惧的步骤，你可能会产生这些想法：

这些想法都是**无用的自我暗示**，你在不停地告诉自己，你做不到，你会失败！ 也许，你已经猜到了，你需要**有用的自我暗示**！

你需要不断地提醒自己，你是安全的，你肯定能做到。

让我们练习**有用的自我暗示**。

空间站的航天员们齐心协力，用机械臂将物资从航天飞机运送进空间站。团队合作确保了大家的安全。他们还有一个任务，那就是创作一些**有用的自我暗示语**，他们已经想出了一些，但仍然需要你帮助他们再想出一些来。

请想出一些让航天员感觉良好的**有用的自我暗示语**，填在空白处，鼓励航天员们接受运行空间站的挑战。

无用的自我暗示会阻碍你前进，有用的自我暗示会帮助你实现目标。

走迷宫，把航天飞机带到空间站。不要让无用的自我暗示影响你的路线。

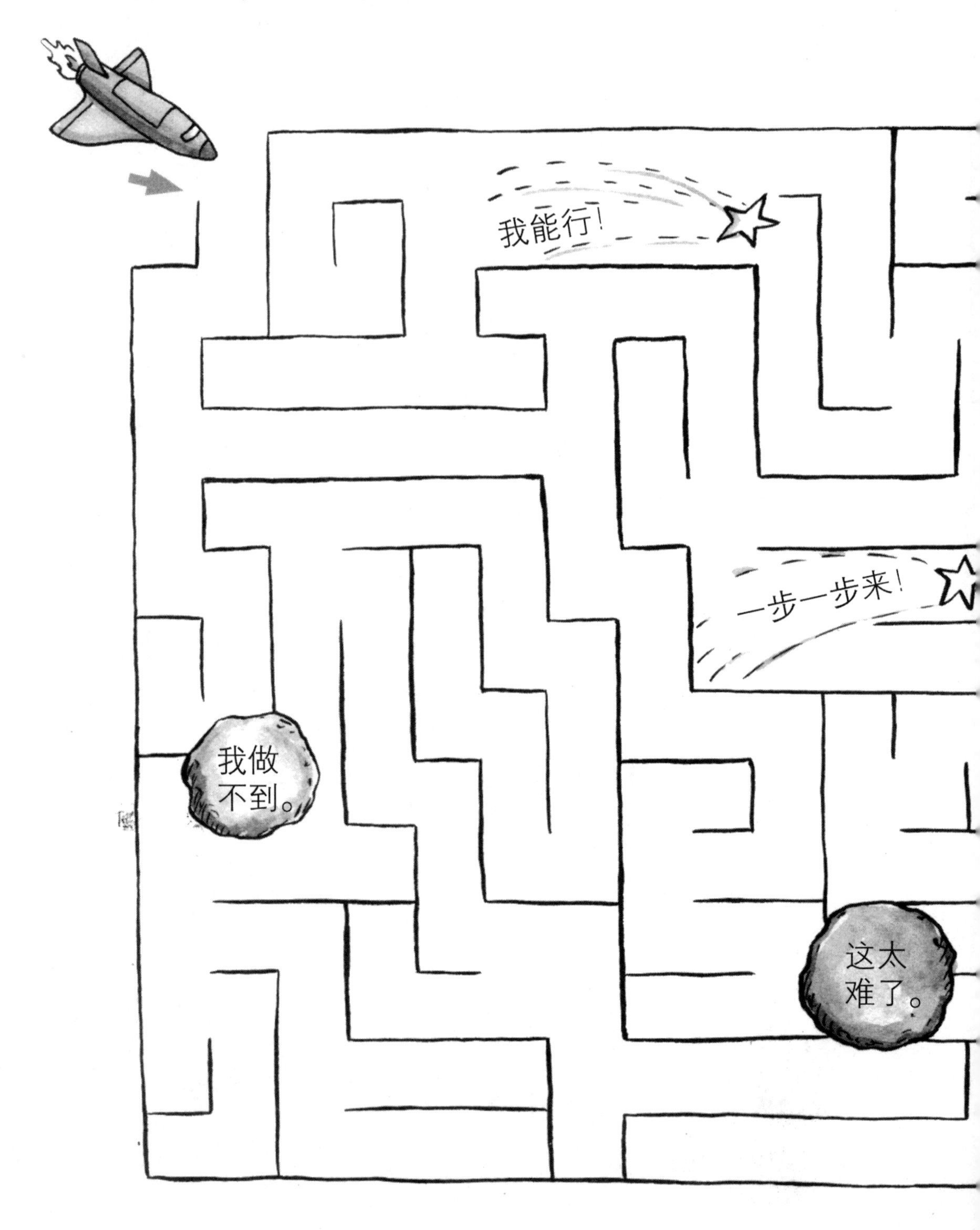

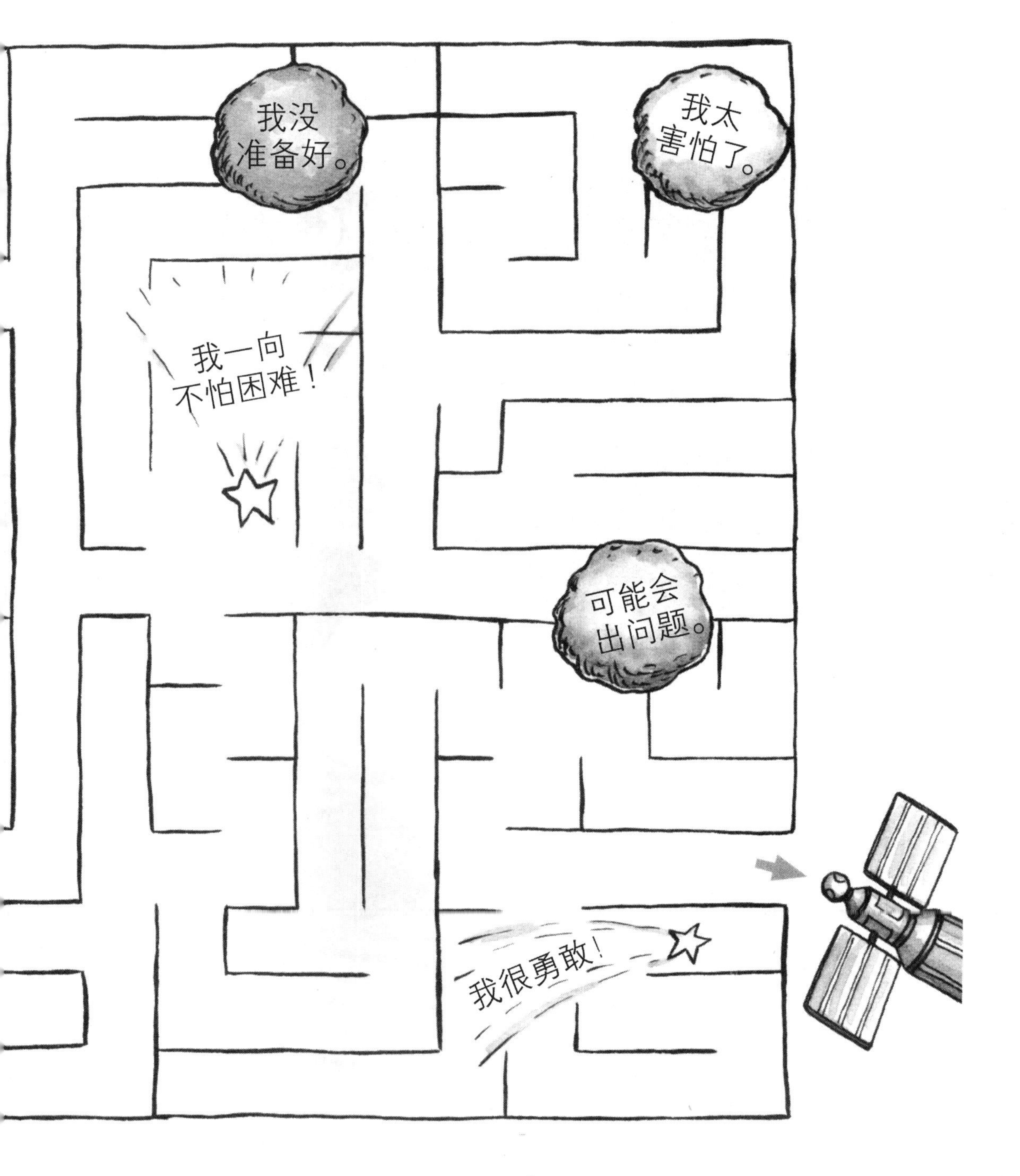
我没
准备好。
我太
害怕了。
我一向
不怕困难！
可能会
出问题。
我很勇敢！

瓦尼莎想克服对深水的恐惧，于是她制订了阶梯式克服恐惧的步骤，可是，无用的自我暗示总是阻碍她实现目标。

请你帮助她，在**无用的自我暗示**上画 ×，在**有用的自我暗示**上画 ○。

我会沉下去。

我成功时会为自己感到骄傲！

在水里玩很有趣！

我能做到！

我永远也做不好这件事。

这件事太可怕了！

人人都需要**有用的自我暗示**，让我们更加自信，敢于接受挑战。

还有一些方法可以激发我们的勇气，比如，想象或创造出一个勇敢的人物形象，这个人或角色可以成为你的太空英雄。

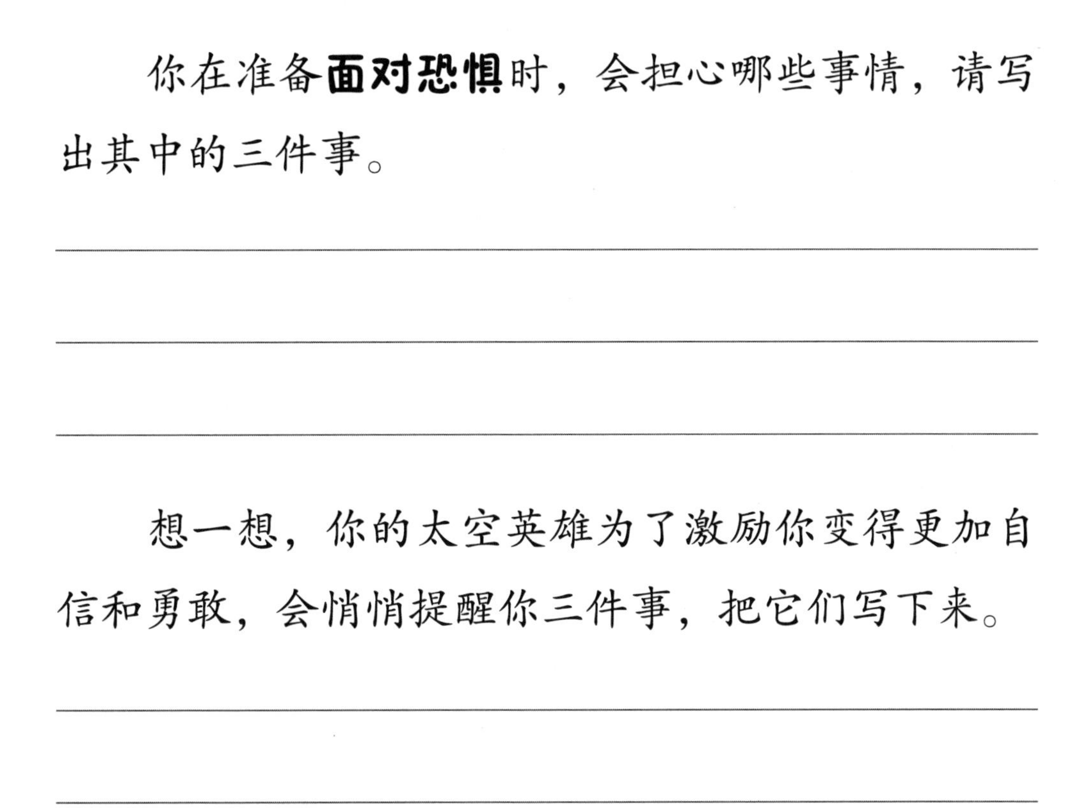

你在准备**面对恐惧**时，会担心哪些事情，请写出其中的三件事。

想一想，你的太空英雄为了激励你变得更加自信和勇敢，会悄悄提醒你三件事，把它们写下来。

你的太空英雄是否建议你使用有用的自我暗示？他是否会提醒你，你的恐惧只是一个假警报？他会鼓励你别着急，放慢脚步，冷静下来吗？这些都是非常好的办法！

因此，当你准备克服恐惧时，要使用这一章提到的办法——练习有用的自我暗示，想一想太空英雄给你的建议，鼓起勇气直面恐惧。此外，学会冷静也有助于身体平静下来，更能控制好自己的情绪。

关掉警报器

你还记得第一章讲到的内容吗？当警报响起时，你的身体可能会产生各种反应，如心跳加快、出汗、脸红、喘不过气来。

你可以通过控制呼吸让自己平静下来。呼吸练习是一个放松身体的好方法。

想一想，你喜欢闻什么气味。

汤米喜欢烤箱散发的饼干味，吉吉喜欢草坪修剪后发出的青草味。你可以试试这两种气味，或者选一种喜欢的其他气味。

现在，找一个让你感到舒服的地方坐下来或者躺下来，闭上眼睛，当你吸气的时候就去想那种气味。

你还可以想象自己在一个很放松的地方，比如在吊床上、沙滩上、云彩里。你深吸一口气后，再用嘴把它慢慢地呼出去，尽量全部呼出，这样，你才可以再吸入那些好闻的气味。重复五次。

深呼吸能帮助你放慢呼吸，还能让心情平静下来，使肌肉得到放松，减少汗腺的分泌，让大脑冷静下来。每天练习深呼吸对你很有益处，等你熟练后，再遇到可怕的事情时，深呼吸就能帮助你。**直面恐惧**时，放慢呼吸会让你的心情更容易平静下来。

由于空间站里可能会出现各种紧急情况，所以航天员们需要释放紧张感。学会放松很重要，当然，如果航天员在太空刚刚经历了紧急事件，很难放松下来，可能需要做一些积极的事情来放松身体。不同的人有不同的放松方式，你可以多尝试几种，看看哪种方式最适合你。

约翰发现自己心烦的时候很难安静地坐下来。他知道，对于他来说，最好的放松方式就是投篮。你可能也发现了，你喜欢的活动会让你放松下来，比如投篮、跳舞、攀岩。

苏菲亚发现，和别人在一起能够缓解紧张的情绪。比如，跟朋友们一起过夜，跟爸爸一起烤饼干，和妈妈一起做游戏，这些都会让她放松下来。

桑德的放松方式则是做一些创造性的活动，比如画画、搭积木，这些都是他喜欢的放松方式。

哪些事情能够让你放松下来？请写出5件。

1. ______________________________

2. ______________________________

3. ______________________________

4. ______________________________

5. ______________________________

积极、友善、发挥创造力的活动都会让你的身心得到平静，能够带给你正能量。因此，在练习克服恐惧的那些步骤前后，你都可以试试这些方法。身体放松也会避免它在安全的时候发出假警报。

现在你掌握了正面思考所需要的一些知识和技巧，学会了让身体平静下来的方法，接下来就坚持一级一级向上攀登，勇敢地去克服恐惧吧。

起飞

现在，你已经准备好起飞了。就像一个训练后准备出发去太空的航天员一样，你已经学会了怎样一步一步地减少恐惧，不让它影响你的生活。先从最容易的步骤开始。记住，如果你遇到了挑战，不要放弃，要坚持练习直到你习惯了它。重复练习是个很好的办法，每个步骤你可以做两次（或者更多次），从而保证你确实掌握了它。当你觉得恐惧指数是1或者2的时候，你才可以进行下一个步骤。如果有步骤或者有些事情进展太快（就像乘电梯一样），你可以停下来重复练习，让自己有时间去习惯它。

现在，让我们开始吧！

L

你在第三章写下了克服恐惧的步骤，现在就从最简单的步骤开始吧。你刚开始可能有些不适应，但是要记住，当你直面恐惧时，恐惧的威力会逐渐减弱。你的身体会不断自我调整，而你也会逐渐适应这种情境。所以，大胆地尝试吧！

请填写下面的表格。

第一步			
练习开始时的恐惧指数		**练习结束时的恐惧指数**	
你克服的障碍			

我们希望你的第一步顺利进行，但是，如果确实很难，那就尝试一下，你的尝试也很了不起。你的每一步都值得表扬，努力过后记得奖励自己。

你可以设计多种奖励方式，和大人谈一谈哪种奖励对你最好，最合适。我们会给你提供一个建议——使用80~81页的游戏板！把你和父母或者其他大人协商好的各种奖励填写在游戏板上。

小奖励

____

____

____

中奖励

____

____

____

大奖励

____

____

____

当你完成一步，就向前走格子（如果克服的恐惧指数是2，就可以向前走2格；如果克服的恐惧指数是3，就可以向前走3格，以此类推）。当你走到了有奖励的格子里，就得到相应的奖励。你在努力练习**直面恐惧**。每一次你练习的时候，即使重复一个步骤，你都是在朝着下一个奖励前进。

中奖励
中奖励
中奖励
中奖励
小奖励

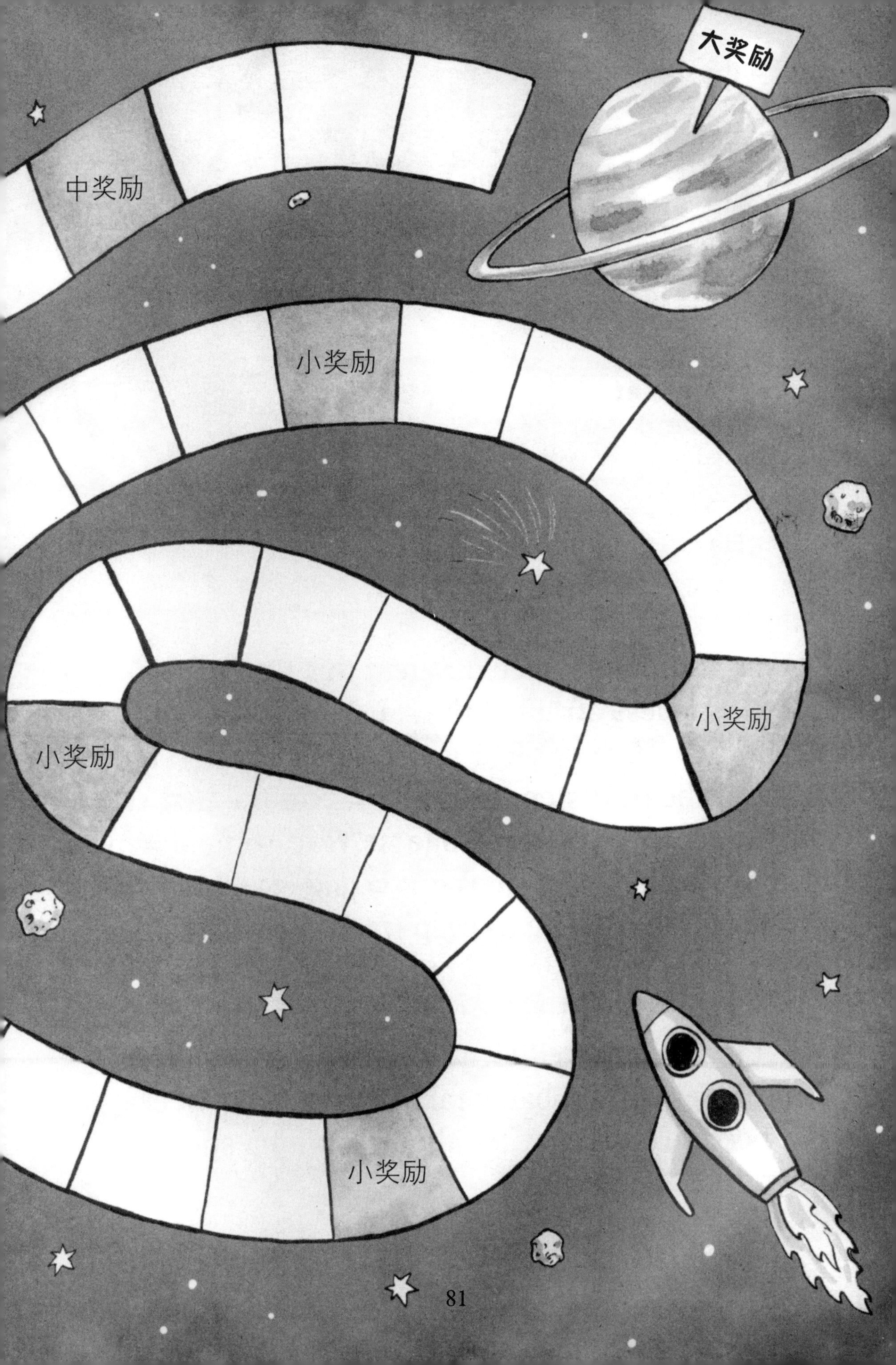
大奖励
中奖励
小奖励
小奖励
小奖励
小奖励

你可能需要重复练习一个步骤，再接着进行下一步。

如果你重复了第一个步骤，请填写这个表格。

<table>
<tr><td>第一步
（第2次练习）</td><td colspan="3"></td></tr>
<tr><td>练习开始时的
恐惧指数</td><td></td><td>练习结束时的
恐惧指数</td><td></td></tr>
<tr><td>你克服的
障碍</td><td colspan="3"></td></tr>
</table>

这一次感觉跟上一次有什么不一样吗？你是不是开始的时候没有那么害怕了？现在看看你的恐惧指数是不是低到可以开始下一步了。如果还是不够低，就再重复当前这一步，当你的恐惧指数降下来，你就可以进行下一步了。不要跳过任何一个步骤，而且一定要把恐惧指数的变化记录下来。这样你才会看到练习带来的变化，以及哪一个方法对你更有效。完成克服恐惧的这些步骤可能需要几天甚至几个星期，不要着急，当一名成功的宇航员是需要花些时间的。

深呼吸

坚持你的阶梯计划，一步一步往上爬，把你的进展记录下来。如果需要更多的表格，你可以再用一张纸来制作。

第____步			
练习开始时的恐惧指数		练习结束时的恐惧指数	
你克服的障碍			

第____步			
练习开始时的恐惧指数		练习结束时的恐惧指数	
你克服的障碍			

<table>
<tr><td colspan="2">第____步</td><td colspan="3"></td></tr>
<tr><td colspan="2">练习开始时的
恐惧指数</td><td></td><td>练习结束时的
恐惧指数</td><td></td></tr>
<tr><td>你克服的
障碍</td><td colspan="4"></td></tr>
</table>

<table>
<tr><td colspan="2">第____步</td><td colspan="3"></td></tr>
<tr><td colspan="2">练习开始时的
恐惧指数</td><td></td><td>练习结束时的
恐惧指数</td><td></td></tr>
<tr><td>你克服的
障碍</td><td colspan="4"></td></tr>
</table>

<table>
<tr><td colspan="2">第____步</td><td colspan="3"></td></tr>
<tr><td colspan="2">练习开始时的
恐惧指数</td><td></td><td>练习结束时的
恐惧指数</td><td></td></tr>
<tr><td>你克服的
障碍</td><td colspan="4"></td></tr>
</table>

你能做到！

当你遇到危险的时候，你的身体和大脑会发出警报，这对你很重要。但是，当你安全的时候，你就没必要有这些烦人的感受了。恐惧会阻止你参加有趣的活动，干扰你和朋友在一起的快乐时光，还会让简单的事情变得充满挑战。

你可以用一些行之有效的策略和练习来控制这些假警报。一步一步走完克服恐惧的阶梯，你会发现自己的身体是如何一步一步习惯这些行为的。通过你设计的**暴露阶梯**，你能够**直面恐惧**。当你习惯了恐惧，假警报就会停下来。练习对你很有帮助。

- **练得越多越好。**就像弹钢琴或者踢足球那样，直面恐惧也需要练习。如果每天能练习一个步骤（必要时，重复这个步骤），那就再好不过了。

- 不断提醒自己，每个步骤都是安全的，只是你的恐惧在不断欺骗你，向你发出假警报。每一个步骤都在帮助你克服恐惧，随着计划的进行，你的焦虑也会越来越少。

- 用真正有用的自我暗示代替胡思乱想。

- 练习平静呼吸法。

- 用放松活动缓解紧张情绪。

- 相信自己。

直面恐惧不容易。不过，从面对轻度恐惧开始，不断练习，你就可以把恐惧降低到可以控制的程度。现在，你的恐惧已经不会再干扰你了。

奖励勇敢
战胜假警报的
（写上你的名字）
干得好！